中国学生素质拓展自助阅读

彩图版

今天你微笑了吗

张培培/主编

在 面对别人的误解、指责时，
你也许会 感到很生气，
也许会想着去 报复别人，
这时，请记住：
退一步海阔天空，
用你的包容去 化解矛盾，增进友谊
微笑 正是你最美丽的 姿态。

天津出版传媒集团

天津科学技术出版社

图书在版编目（ＣＩＰ）数据

今天你微笑了吗 / 张培培主编. —天津：天津科学技术

出版社，2012.3（2019.6重印）

（中国学生素质拓展自助阅读）

ISBN 978-7-5308-6848-5

Ⅰ.①今… Ⅱ.①张… Ⅲ.①儿童故事–作品集–世界 Ⅳ.①I18

中国版本图书馆CIP数据核字（2012）第043239号

今天你微笑了吗

JINTIAN NI WEIXIAO LE MA

责任编辑：郑　新

出　　版：天津出版传媒集团

天津科学技术出版社

地　　址：天津市西康路35号

邮　　编：300051

电　　话：（022）23332674

网　　址：www.tjkjcbs.com.cn

发　　行：新华书店经销

印　　刷：三河市燕春印务有限公司

开本 700×1000mm 1/16　　印张 9　　字数 150 000

2019 年 6 月第 1 版第 3 次印刷

定价:29.80 元

读者们，作为一名学生，你的主要任务自然就是学习。要知道，学生阶段是一个人思维最活跃，对外界最好奇，求知欲也最强的阶段，也是每个人素质培养的奠基阶段。

可是，在学习的过程中，你也会遇到很多的烦恼。学校就像是一个小型的社会，你不光要与老师、同学相处，更要与自己那颗青春好动的心灵相处。

当遇到烦恼时，你会向谁倾诉呢？你又从何处获得帮助呢？强烈的自尊心也许让你不好意思把自己的秘密和朋友倾诉；告诉父母，又害怕他们说自己不专心学习；如果能有一个知心的朋友，倾听你的诉说，并守口如瓶地守护自己的秘密那就好了。

《中国学生素质拓展自助阅读》丛书就是这样的一个好朋友。它是我们专门送给你的礼物，帮你解决学生阶段大家最容易遇到的烦恼和困惑。它把素质拓展的理念融入丰富多彩的故事中，让你在轻松愉悦的阅读过程中得到成长。

丛书共分为八册，从思考创新、勇敢坚强、自信积极、欣赏他

人、宽容大度、勤学自律、诚实守信、感恩珍惜八个方面入手，所选内容专门针对大家在学习和生活中经常遇到的烦恼困惑，注重培养学生最应养成的良好习惯，为真正实现全方位拓展素质、提高能力打下基础。

丛书在选文上时刻关注学生群体的阅读习惯。书中有大量生动有趣的故事，情节丰富曲折，引人入胜。在道理的阐发上也紧密结合故事内容，自然、贴切，适合学生的阅读习惯。书中还特别设置了"轻轻告诉你"板块，启迪你去独立思考，真正达到自助阅读的目的。

本套丛书将成为你最忠实的伙伴，它不会泄露你的任何秘密；它鼓励你独立思考，养成良好的思维习惯；它帮助你控制自己的情绪，让你成为班级里的人气王；它鼓励你勇敢自信，让你知道做自己才是最美丽的；它提醒你学会感恩，对身边爱自己的人说声"谢谢"……

最重要的是，它让你坚信：求人不如求己，只有在自己心中埋下上进、积极的种子，你的素质才能真正得到拓展与提高。

目录

苏格拉底是单身汉的时候

和几个朋友一起住在一间只有七八平方米的小屋里

但是，他一天到晚总是乐呵呵的

把缺点装进袋子

有一个小男孩，脾气十分暴躁，动不动就生气，其他的小孩子不喜欢和他一起玩，因此，他只好一个人玩耍。小男孩很不快乐，因为一个人并不好玩。而每次他想要跟别的小孩一起游戏时，大家总是一看到他来就走开。小男孩因此变得很孤独，也更爱发脾气了。

对于小男孩这种易怒的性格，他妈妈也感到非常头痛。虽然妈妈时常轻声细语地劝他，不要随便乱发脾气，但是小男孩还是一点也没有改变。妈妈只好去问村子里最有智慧的老人。

当小男孩的妈妈讲述了小男孩的情形后，老人告诉她一个办法："你回去之后，用布做个袋子，挂在他的身上，叫他把所有对别人的不满都装到袋子里，这样，他就不会再对别人生气了。"

妈妈回家以后，就照老人的话，做了两个袋子挂在小男孩的身上，并且告诉他："这两个袋子，一个在前，一个在后。你把自己的缺点装在前面的袋子里，把对别人的不满和他们的缺点都装在

后面的袋子里。"

小男孩听了妈妈的话，把别人的缺点都挂在背后，因为不容易看见，所以脾气就慢慢改好了。

"宽容"的口号人人都会喊，但只有能够做到对人对己宽容，你才算真正拥有了这项美德。如果"宽容"对你来说还有点困难，那么，不妨准备两个袋子：把自己的缺点装在前面的袋子里，把对别人的不满和他们的缺点装在后面的袋子里。

最高尚的事情

很久以前，有一位年老的国王，他决定不久之后将王位传给三个儿子中的一个。

一天，国王把三个儿子叫到跟前说："我老了，决定把王位传给你们三兄弟中的一个，但你们三个都要到外面去游历一年。一年后回来告诉我，你们在这一年内所做过的最高尚的事情。只有那

个真正做过高尚事情的人，才能继承王位。"

一年后，三个儿子回到了国王跟前，告诉国王自己这一年来在外面的收获。

大儿子先说："我在游历期间，曾经遇到一个陌生人，他十分信任我，托我把他的一袋金币交给他住在另一个镇上的儿子，当我游历到那个镇上时，我把金币原封不动地交给了他的儿子。"

国王说："你做得很对，但诚实是你做人应有的品德，称不上是高尚的事情。"

二儿子接着说："我旅行到一个村庄，刚好碰上一伙强盗打劫，我冲上去帮村民们赶走了强盗，保护了他们的财产。"

国王说："你做得很好，但救人是你的责任，还称不上是高尚的事情。"

三儿子迟疑地说："我有一个仇人，他千方百计地想陷害我，有好几次，我差点就死在他的手上。在我的旅行中，有一个夜晚，我独自骑马走在悬崖边，发现我的仇人正睡在一棵大树下，我只要轻轻地一推，他就会掉下悬崖摔死。但我没有这样做，而是叫醒他，告诉他睡在这里很危险，并劝他继续赶路。后来，当我下马准备过一条河时，一只老虎突然从旁边的树林里蹿出来，扑向我。正在我绝望时，我的仇人从后面赶过来，他一刀就要了老虎的命。

我问他为什么要救我的命，他说：'是你救我在先，你的仁爱化解了我的仇恨。' 这……这实在不算是做了什么大事。"

"不，孩子，能帮助自己的仇人，是一件高尚而神圣的事。"国王严肃地说，"来，孩子，你做了一件高尚的事，从今天起，我就把王位传给你。"

怀有一颗宽容的心，不只是会原谅别人无心的过错，最大的宽容是原谅自己的敌人，用爱去看待仇视自己的人。

学会谅解

公鸡非常喜欢唱歌，它一天到晚高昂着头，喔喔喔地唱个不停，并不时拍拍翅膀，在鸡群中走来走去，一副不可一世的样子。

一天，当那只大公鸡伸长脖子，准备再展歌喉的时候，一只小母鸡走过来，冷冷地对它说："大公鸡，你不觉得你的叫声很难听吗？哪像是在唱歌，简直是在哀号，难听死了！"

"什么！你说什么！你竟敢如此羞辱我，你也不找个镜子照照自己，你连歌都不会唱，整天只会咯咯叫，你这个混蛋，有什么资格教训我？"

骂完后，公鸡一拍翅膀，一抖脖子，准备冲过去教训教训那只不知天高地厚的小母鸡。

"请息怒，大公鸡。"这时，一只老母鸡挺身而出，挡住了公鸡的去路。

"你没有听见它刚才在羞辱我吗？"大公鸡见老母鸡挡住了自己的去路，只好收起了翅膀，并质问管闲事的老母鸡。

　　"大公鸡，你的歌唱得真好听，我们都是你的忠实听众。其实连小母鸡都觉得你的歌声好听，只不过昨天晚上它的妈妈被该死的黄鼠狼抓走了，所以它的情绪很不好，遇到什么事都想发火，我想你能体谅它的心情吧！"

　　"哦，原来是这样！你怎么不早点告诉我呢？真对不起，我不该那样对你，请原谅。"大公鸡说完，朝小母鸡深深地鞠了一躬。

理智应对别人对你的轻蔑

一位挪威青年男子漂洋过海来到法国，他要报考著名的巴黎音乐学院。考试的时候，尽管他竭力将自己的水平发挥到最佳状态，但主考官还是没有看中他。

身无分文的青年男子来到学院外不远处的一条繁华的街上，勒紧裤带在一棵榕树下拉起了手中的琴。

他拉了一曲又一曲，吸引了无数的人驻足聆听。饥饿的青年男子最终捧起自己的琴盒，围观的人们纷纷掏钱放了进去。

这时，一个无赖鄙夷地将钱扔在青年男子的脚下。

青年男子看了看无赖，最终弯下腰拾起地上的钱递给无赖，说："先生，您的钱掉在了地上。"

无赖接过钱，重新扔在青年男子的脚下，再次傲慢地说："这钱已经是你的了，你必须收下。"

青年男子再次看了看无赖，深深地对他鞠了个躬，说："先生，谢谢您的资助！刚才您掉了钱，我弯腰为您捡起。现在我的钱

掉在了地上，麻烦您也为我捡起！"

　　无赖被青年男子出乎意料的举动震撼了，最终捡起了地上的钱，放入青年男子的琴盒，然后灰溜溜地走了。

　　围观者中有双眼睛一直默默关注着青年男子，他就是刚才的主考官。他将青年男子带回学院，最终录取了他。这位青年男子叫比尔·撒丁，后来成为挪威小有名气的音乐家，他的代表作是《挺起你的胸膛》。

9

绅士过桥

一位绅士有件急事要去处理，在去的路上要经过一座独木桥。到了独木桥之后，他正准备过桥时，刚走几步便遇到一个孕妇。绅士很礼貌地转身回到桥头让孕妇过了桥。

孕妇一过桥，绅士又走上了桥。这次都走到桥中央了，又遇到了一位挑柴的樵夫，绅士二话没说，回到桥头让樵夫过了桥。

第三次绅士再也不贸然上桥，而是等独木桥上的人过尽后，才匆匆上了桥。眼看就到桥头了，迎面赶来一位推独轮车的农夫。绅士这次不甘心回头，他摘下帽子，向农夫致敬："亲爱的农夫先生，你看我还有两步就要到桥头了，能不能让我先过去。"

农夫不干，把眼一瞪，说："你没看我推车赶集吗？"

话不投机，两人争执起来。这时河面上过来一叶小舟，舟上坐着一个胖和尚。和尚刚到桥下，两人不约而同地请和尚为他们评理。

和尚双手合十，看了看农夫，问他："你真的很急吗？"

农夫答道："我真的很急，晚了便赶不上集了。"

和尚说："你既然急着去赶集，为什么不尽快给绅士让路呢？你只要退那么几步，绅士便过去了，绅士一过，你不就可以早点过桥了吗？"

农夫一言不发，和尚便笑着问绅士："你为什么要农夫给你让路呢，就是因为你快到桥头了吗？"

绅士争辩道："在此之前我已给许多人让了路，如果继续给农夫让路的话，便过不了桥了。"

"那你现在还不是没过去吗？"和尚反问道，"你既然已经给那么多人让了路，再让农夫一次，即使过不了桥，起码保持了你的风度，何乐而不为呢？"

绅士满脸涨得通红。

偷饼贼

一天晚上，有位妇女在机场候机，离飞机起飞还有好几个小时，她在机场商店里找到一本书，买了一袋甜饼之后找了个地方坐下。

她沉浸在书里，却无意中发现，那个坐在她旁边的男人，竟然没有经过同意就从他们中间的袋子里抓起一两块甜饼，塞进嘴里。

她试着回避这件事，避免大发脾气。她读着书，使劲嚼着甜饼，看着时间一分一秒地过去，她越来越气愤，她想："如果我不是这样宽容，我一定打得他鼻青脸肿！"

她每拿一块甜饼，他也跟着拿一块。当只剩一块时，她猜测他会怎么做。他的脸上浮现出笑意，并且略带拘谨，他抓起了最后那块甜饼，把它分成了两半。

他递给她半块，自己吃了另一半。她从他手中抢过半块饼，并且想："天哪！这个家伙还真有点意思，但他却很无礼，他为什

么连感谢的话都不说一句？"

当她的航班通知登机时，她如释重负地松了口气，收拾起自己的物品走向门口，拒绝回头看一眼那个"偷窃而且忘恩负义的人"。

她登上飞机，坐到自己的座位上，然后找寻那本她已经快看

完的书。当她把手伸进皮包时，她因意外而紧张得透不过气来——她的手摸到的是一袋甜饼！

　　"如果这是我的，"她绝望地呻吟道，"那么另一包就是他的，而他却尽力与我分享！"太迟了，已经无法道歉了。她是那样难过，那个无礼的、忘恩负义的偷饼贼，恰恰是自己！

诸葛亮七擒孟获

刘备去世以后，蜀国丞相诸葛亮准备北伐中原。

当时蜀国南部，就是云南与贵州交界处，少数民族的大酋长孟获发动叛乱，诸葛亮决定亲自领兵平息叛乱，解除这个后顾之忧。有人建议，派一员大将南下足以消灭孟获，丞相就不必深入那"不毛之地"了。但是诸葛亮考虑得更长远，他要对孟获恩威并施，以收服人心。

孟获有万夫不当之勇，豪侠仗义，在少数民族中很有威望。诸葛亮命令部下，遇到孟获，千万不要伤害他，要抓活的。

第一次战斗，蜀军在诸葛亮的指挥下逮住了孟获。当士兵押孟获进营时，诸葛亮亲自给他松绑，还叫人摆酒席款待他。

第二天，诸葛亮陪他参观蜀军营地后，问孟获："我们的军营怎么样？"

孟获不仅不赞扬，反而说："不过如此。以前我不知道你的虚实，所以战败了。现在我看到了你们的部署，如果放我回去，再

战定能胜你们。"

诸葛亮笑着把孟获放走了。几天后，孟获果然带兵来挑战，结果又战败被俘。孟获还是不服输，诸葛亮又放了他。

孟获又连续和诸葛亮一战再战，一连打了七次，结果七次均战败被俘。

最后一次，孟获又被押解到蜀军营帐。士兵传下诸葛亮的将令说：丞相不愿意再见孟获，下令放孟获回去，让他整顿好人马，再来决一胜负。

孟获想了很久说："七擒七纵，这是自古以来没有过的事

情，丞相已经给了我很大的面子，我虽然没有多少知识，也懂得做人的道理，怎么能那样不给丞相面子呢！"说完跪在地上，流着眼泪说："丞相天威，我们再也不反叛了！"

诸葛亮很高兴，赶紧把孟获搀扶起来，请他入营帐，设宴招待，最后客客气气地把孟获送出营门，让他回去。

自那之后，孟获死心塌地归顺蜀汉，直到诸葛亮死后，他都没有叛乱。这在客观上为蜀汉出兵中原扫清了后顾之忧，对西南少数民族的生活安定和经济发展也有很大的促进作用。

宽容之举逃劫难

汉景帝时，袁盎曾经是诸侯国吴国的宰相。

他在吴国任职时，手下有一位从史爱上了他的侍女。袁盎

知道后，当做什么事也没发生，对待这位从史还和以前一样。当从史知道自己做过的事情已经被袁盎知道了，害怕得连夜逃跑了。

袁盎得知后，赶紧亲自追回从史，并把侍女送给从史。有人说闲话，袁盎就说："喜欢美女是人之常情，不必再提。"这番举动让从史感动不已。

后来，袁盎被召进朝廷为官。当时正值各分封诸侯国飞扬跋扈、不听朝廷号令的时候。不久吴国和楚国叛乱。朝廷由于实力不够，不得不派遣使者前往说服吴楚停息叛乱，于是，袁盎被派往吴国。

出使吴国后，吴王想留下袁盎做将军，袁盎不答应。吴王便密令一个都尉带领500人包围了袁盎的住所，将他软禁了起来，准备第二日把他杀了。

半夜，一个人把袁盎从床上拉起来，说："您快逃走吧，吴王要杀你。"

袁盎不相信，问："你是什么人？"

那人说："我过去是您的从史。蒙您不记我的罪过，并赐给我你的侍女。"

袁盎推辞道："我不能走，这样岂不连累了你和你的家

人。"

那人说："我已经安排好了，您不用替我担心！"说完，割破帐篷，领着袁盎到了安全的地方。于是，袁盎安全地回到了朝廷。

宽容是一种风度

宽容是一种最美好的情感，宽容是一种良好的心态，宽容也是一种崇高的境界。能够宽容别人的人，其心胸像天空一样宽阔、透明，像大海一样广浩、深沉。宽容自己的家人、朋友、熟人容易，因为，他们是我们爱的人。然而，宽容曾经深深伤害过自己的人或者自己的敌人，即："以德报怨"，则是最难的，也是宽容的最高境界，这才是人性中最美丽的花朵。

在《最高尚的事情》中，国王最终选择了第三个儿子做自己的接班人，因为他宽恕了自己的仇人，在国王眼中宽容正是最高尚的事情。

诸葛亮七擒七纵孟获，让孟获输得心服口服，最终维持了边疆的稳定。用武力是征服不了人心的，只有仁爱才可以，要做到仁爱，首先就需要你有一颗宽容的心。

一个人如果懂得宽容，那么他将在工作生活中更加

从容。他不会在小事上斤斤计较，他会平静地面对生活中的种种变故。宽容也就成为了一种我们身上独具的魅力，它不仅包含着理解和原谅，更显示着气质和胸襟，坚强和力量。

宽容是一种风度，学会宽容，你在生活中将更加洒脱自如。

先把泥点晾干

德国军队向来以纪律严明著称。在一本德国老兵的回忆录中，我发现一条耐人寻味的军规：一名士兵可以检举同伴的错误，被检举人也有权反驳。但如果长官发现检举和反驳的士兵曾在近期发生过冲突，那么，两个人都会受罚。发生过冲突的人至少要等一周，等情绪完全冷静下来后，才可以告对方的状。

读研究生时，我的导师吉纳也经常告诫我们，不要因一时冲动，成了情绪的奴隶。有一年圣诞节，她送给我的礼物是一只咖啡杯，上面印着亚里士多德的一句名言："发脾气是值得赞扬的，如果你能做到：在适当的场合，向正确的对象，在合适的时刻，使用恰当的方式，因为公正的理由而发脾气。"

毕业后的一个雨天，我回系里探望吉纳教授。正赶上一名学生有急事要请教她，吉纳让我在外面的小客厅等她一会儿。小客厅和吉纳的办公室只隔了薄薄一道装饰墙，屋里的对话时不时传进我的耳朵。那位同学声音激动。原来，其他实验室的另一名研究生

对他出言不逊，当面讽刺他理论过时、见解平庸，令他大为恼火。他不知道是该直接找那个学生论个明白，还是应该找对方的教授评理。他这次来，就是要征求吉纳的意见。

"年轻人，"我听见吉纳教授慢条斯理地说，"有时候，别人的言行是很难理解的。如果你不介意，让我给你一个小建议。批评和侮辱，跟泥巴没什么两样。你看，我大衣上的泥点，就是今早过马路时溅上的。如果我当时立即去抹，一定会搞得一团糟，所以我把大衣挂到一边，专心干别的事，等泥巴晾干了再去处理它，就非常容易了。瞧，轻轻掸几下就没事了。"好恰当的比喻！老教授的处世智慧令人叹服。那个聪明的学生也顿时醒悟，连连道谢。

　　吉纳最后说："我年轻时不善于控制情绪，深受其害。慢慢地我发现，最好的办法是先把让我恼火的事搁在一边，晾一会儿。等冷静下来后，再去对付它们。如果你现在就去质问他，你会更生气，矛盾会更严重。我建议你等情绪的水分都蒸发掉了，再来想这件事。那时，如果你还打算讨伐他，请再来找我。不过晾干水分后，你会发现那泥点也淡得找不到了！"

真正的原谅

有一次，发明大王爱迪生和他的助手们制作了一个电灯泡。那是他们辛苦工作了一天一夜的劳动成果。

随后，爱迪生让一名年轻学徒将这个灯泡拿到楼上另一个实验室。

这名学徒从爱迪生手里接过灯泡，小心翼翼地一步一步走上楼梯，生怕手里的这个新玩意儿滑落。

但他越是这样想，心里就越紧张，手也禁不住哆嗦起来。当走到楼梯顶端时，灯泡最终还是掉在了地上。爱迪生没有责备这名学徒。

过了几天，爱迪生和助手们又用一天一夜的时间制作出一个电灯泡。

做完后，还得有人把灯泡送到楼上去。

爱迪生连考虑都没考虑，就将它交给了那名先前将灯泡掉在地上的学徒。

这一次，这个学徒安安稳稳地把灯泡拿到了楼上。

事后，有人问爱迪生："原谅他就够了，何必再把灯泡交给他拿呢？万一又摔在地上怎么办？"

爱迪生回答："原谅不是光靠嘴巴说的，而是要靠做的。"

珍惜善心

"我从未遇见过一个我不喜欢的人。"威尔·罗吉士说。这位幽默大师能说出这么一句话，大概是因为不喜欢他的人绝无仅有。罗吉士年轻时有过这样一件事，可为佐证。

有一年冬天，罗吉士继承了一个牧场。一天，他养的一头牛因冲破附近农家的篱笆去偷吃嫩玉米，被农夫杀死了。按照牧场规矩，农夫应该通知罗吉士，说明原因。农夫没这样做。罗吉士发现了这件事，非常生气，便叫一名佣工陪他骑马去和农夫论理。

他们在半路上遇到寒流，人身马身都挂满冰霜，两人差点冻僵了。抵达木屋的时候，农夫不在家。农夫的妻子热情地邀请两位客人进去烤火，等她丈夫回来。

罗吉士烤火时，看见那女人消瘦憔悴，五个躲在桌椅后面的孩子瘦得像猴儿一样。

农夫回来了，妻子告诉他罗吉士和佣工是冒着狂风严寒来的。罗吉士刚要开口跟农夫论理，忽然决定不说了。他伸出了手。

农夫不晓得罗吉士的来意，便和他握手，留他们吃晚饭。

"二位只好吃些豆子了，"他抱歉地说，"因为刚刚在宰牛，忽然起了风，没能宰好。"

盛情难却，两人便留下了。

在吃饭的时候，佣工一直等待着罗吉士开口讲出他们此行的来意。但是罗吉士只跟这家人说说笑笑，而那些孩子们一听说往后的几个星期都有牛肉吃，便高兴得眼睛发亮。

饭后，朔风仍在怒号，主人夫妇一定要两位客人住下。两人便又在那里过夜。

第二天早上，两人喝了黑咖啡，吃了热豆子和面包，肚子饱饱地准备上路回家了。

罗吉士对此行来意依然闭口不提。佣工就责备他："你闭口不谈牛的事情，我们这一趟不是白跑了吗？"

罗吉士半晌不做声，然后回答："我本来有这个念头。但是我后来又盘算了一下。你知道吗，我实际上并未白白失掉一头牛，我换到了一点人情味。世界上的牛何止千万，人情味却十分稀罕。"

报复不能带给你快乐

"我一定要报复他，我要让他对自己的行为感到后悔。"菲力普气得满脸通红。

他那么专心地想着怎样报复小罗宾逊，以至于连他的好朋友史蒂芬来到了他的面前都没有发现。

史蒂芬听了他说的话，问道："是谁让你这么生气？"

菲力普发现他的好朋友站在他面前，不好意思地说："还记得我父亲送给我的竹条吗？现在它被小罗宾逊给折断了！"

史蒂芬问："他为什么要折断你的竹条呢？"

菲力普回答说："那天我正把竹条绕在身上玩呢。结果一不小心，它滑了出去，打碎了小罗宾逊装水的罐子，我已经向他道歉了，并且向他解释我不是故意的，但他还是把我的竹条弄断了，我一定要让他后悔的！"

史蒂芬说道："你是说小罗宾逊吗？没有人喜欢亲近他。我认为你要是不在意这件事会更好，报复只能让你增添更多的烦恼。

你知道他被蜜蜂蜇的事吗？"

　　"哦，有这样的事？"菲力普吃惊地问道。

　　"是的，就是因为他想报复，所以才会被蜜蜂蜇的。有一次，他看到一只蜜蜂在花朵上采蜜，于是就想抓住它并且揪掉它的翅膀。可是他不仅没有抓到蜜蜂，还被它蜇了手。于是，他想到了报复，他用棍子捅了蜜蜂窝。结果几百只蜜蜂落在了他身上蜇他。

他痛得满地打滚，几天都不能下床。这就是报复的结果。"

史蒂芬接着说："所以，我劝你还是放弃报复的想法吧，因为想要报复别人的人，最终也会因为报复而让自己受苦。"

菲力普回答说："那好吧，我们现在去把事情的经过告诉我父亲，我想他是不会生气的。"结果，菲力普的父亲答应再送他一根一模一样的竹条。

报复不能带给你满足与快乐，相反，它只能带给你无休止的伤害。

报复会让你的心情变得紧张、烦躁，会让你的心胸变得狭隘，过激的报复行为在伤害对方的同时，也会让你自己为此付出代价。

当你想报复别人时，不妨先想想自己最终会得到什么？要知道，只有包容才能化解人与人之间的坚冰。

今天
你微笑了吗

最好的报复

威廉姆·格兰特的"格兰特兄弟"公司最近陷入一片舆论攻击中，起因是英国曼彻斯特的一个图书批发商出版的一本小册子。在这本小册子中，出版者不遗余力地丑化"格兰特兄弟"公司，使其成为公众嘲笑的对象。

对此，威廉姆·格兰特宣称此出版人将会为自己的所作所为后悔。

诽谤者却满不在乎，他说："哦，我想他是指以后什么时候我会欠他债吧。但我自己一定会小心的。"

然而，生活总是戏剧化的，就像你没有办法选择自己的出身一样，一个生意人是不可能由自己来选择债主的。

几年后，出版这本小册子的人破产了，他需要请自己的债主们在证明上签名，才能拿到执照，否则的话，他就再也不能经商了。

这些承兑汇票分布在不同的人手里，而现在，最后一张承兑

35

汇票正好在格兰特兄弟手中，也就是说，受到大肆诽谤的人就这样成为了造谣者的债主！

现在，格兰特兄弟完全有能力报复造谣者，让他为自己曾经的无耻言行后悔。

曾经的造谣者很明白这一点，他知道，没有人能忘记别人对自己的无理伤害，寄希望于"格兰特兄弟"公司能发善心简直是痴人做梦，怎么可能？但是自己还需要养活妻子和孩子，至少也该提出申请试试，哪怕等待自己的是嘲讽。于是他愧疚不安地来到了当

初受害者的办公室。

格兰特先生独自坐在办公室里，他说的第一句话是："先生，关门！"语气坚决而严肃。

诽谤者很害怕，他担心格兰特先生的报复会扑面而来，等待他的将是一场羞辱。但是既然已经来了，他只好浑身颤抖着站在那里，讲述自己的情况并递上证明。即便如此，他心里其实是不抱什么希望的。

格兰特先生没有说别的话，他拿起对方递过来的证明，盯着对方说："你出过一本诽谤我的小册子！"然后取出笔在文件上写了几句，并把证明交还给那个破产的人。

造谣者接了过来，他想，上面写的肯定是"恶棍"、"造谣"之类的话，可实际看到的却是清晰的大大的格兰特先生的签名。

见造谣者满脸的不解，格兰特先生说："我们有条规定，永远不会拒绝在一个诚实商人的证明上签字。至少现在我们还没有听说你在这方面有什么不好。"

格兰特先生继续说道："我的话还是兑现了！我说你会为自己写那本小册子后悔。那并不是威胁你，我的意思是当你更多地了解我们后，你会为自己曾试图伤害我们而难过。你看，你现在已经在后悔了。"

"是的！我实在太后悔了！"曾经的造谣者感激地说。

"冒昧问一句，拿到执照你就可以重新开始吗？你现在还有多少钱呢？"格兰特先生问。

"一旦拿到执照，有个朋友可以帮助我。现在我已经把家里值钱的东西都给了债主，只能靠削减家里生活必需品的开支来节省出开证明执照的花销。"

"那可不行。你的家人不应该因为这些遭受痛苦。这里有十

英镑，请带给你的妻子补贴家用吧。一切都会好起来的。打起精神来，像个男人一样放手去干吧，不久你又会在我们中间高昂起头的。"

　　曾经的造谣者感动得泪流满面，他想说些什么来表达自己的谢意，却哽咽得说不出话来。最后，他拿手帕捂住脸，像个孩子似的哭着走出了格兰特先生的办公室。

六尺巷的故事

　　清朝宰相张英是安徽桐城人。他素来注重修身养性，颇得他人的喜欢和尊重。同时，他也非常孝敬父母，在朝廷任官时，把母亲安顿在家乡，并经常回家探望。

　　张老夫人的邻居是一位姓叶的侍郎。张英在一次回家看望母

亲时，觉得家中的房子呈现出破败之象，就命令下人把房子整修了一番。安排好一切后，他又回到了京城。

正巧，侍郎家也正打算扩建房屋，并想占用两家中间的一块地方。张家也想利用那块地方做回廊。

于是，两家发生了争执。张家开始挖地基时，叶家就派人在后面用土填上；叶家打算动工，拿尺子去量那块地，张家就一哄而上把工具夺走。两家争吵过多次，有几次险些动武，双方都不肯让步。

张老夫人一怒之下，便命人给张英写信，希望他马上回家处理这件事情。

张英看罢来信，不急不躁，提笔写下一首短诗："千里家书只为墙，再让三尺又何妨？万里长城今犹在，不见当年秦始皇。"封好后派人迅速送回。

张老夫人满以为儿子会回来为自家争夺那块地皮，没想到左等右等只盼回了一封回书。

张母看完信后，顿时恍然大悟，明白了儿子的意思。为了三尺地既伤了两家的和气，又气坏了自己的身体，这样太不值得了。

老夫人想明白了，立即主动把墙退后三尺。邻居见状，深感惭愧，也把墙让后三尺，并且登门道歉。这样一来，以前两家争夺的三尺地反而形成了一条六尺宽的巷子。

当地人纷纷传颂这件事情，引为美谈，并且给这条巷子取了一个特别的名字——六尺巷。有人还据此作了一首打油诗："争一争，行不通；让一让，六尺巷。"

宰相的眉毛

相传古时候某宰相请一个理发师理发。理发师给宰相修面修到一半时，也许是过分紧张，一不小心把宰相的眉毛给刮掉了。

唉呀！不得了了，他暗暗叫苦，顿时惊恐万分，深知宰相如果怪罪下来，那可是吃不了兜着走呀！理发师是个常在江湖上行走的人，深知人之一般心理：盛赞之下怒气消。

他急中生智，猛然醒悟！连忙停下剃刀，故意两眼直愣愣地看着宰相的肚皮，仿佛要把宰相的五脏六腑看个透似的。

宰相见他这副模样，感到莫名其妙，迷惑不解地问道："你不修面，却光看我的肚皮，这是为什么呢？"

理发师装出一副傻乎乎的样子解释说："人们常说，宰相肚里能撑船，我看大人的肚皮并不大，怎么能撑船呢？"

宰相一听理发师这么说，哈哈大笑："那是说宰相的气量最大，对一些小事情都能容忍，从不计较的。"理发师听到这话，"扑通"一声跪在地上，声泪俱下地说："小的该死，方才修面时

不小心将相爷的眉毛刮掉了！相爷气量大，请千万恕罪。"

　　宰相一听眉毛给刮掉了，叫我今后怎么见人呢？不禁勃然大怒，正要发作，但又冷静一想：自己刚讲过宰相气量最大，怎能为这小事给他治罪呢？于是，宰相豁达温和地说："无妨，且去把笔拿来，把眉毛画上就是了。"

包容是一条五彩路

　　一个小学校长在他的校园里巡视，当他走到教学楼后面一条正在铺筑水泥的小路前时，他发现还没有完全凝固的水泥路面上有两只玻璃球。

　　他想，一定是孩子们在课间玩耍时一不留神把玻璃球弹到了这里，如果现在不赶快把它抠出来，等水泥完全凝固了，那玻璃球

就成了永远的镶嵌物。他弯下腰，准备伸手去把玻璃球抠出来。

突然，有两个男孩哧哧地笑着，手拉手从他身边飞快跑过，跑出几十米后，又警觉地回头，似乎是担心会遭到校长的批评。校长愣了一下，猛地意识到了什么。他摆摆手，示意那两个男孩过来。

男孩吐着舌头不情愿地走过来，手紧紧捂着口袋。

校长微笑着对他们说："你们能不能借给我一样东西？"

两人齐声问："什么东西？"

校长说："你们口袋里的东西——玻璃球。"

两个男孩惊讶万分，低着头，不敢迎视校长的目光。口袋里一阵脆响之后，十多只玻璃球交到了校长手里。

校长俯下身子，像个淘气的孩子，把玻璃球一只一只按到了水泥路面上。

两个男孩连忙向校长认错，承认原先那两只玻璃球是他俩按进去的，并表决心说"再也不敢了"。

校长听了脸上露出了微笑，他说："为什么要认错呢？我表扬你们两个还来不及呢！你们看，水泥路面原本多么灰暗、多么单调，但是，镶上了几只玻璃球就显得多么精神、多么漂亮！快去，告诉你们的同学，让大家把玩过的玻璃球、小贝壳、彩石子全都拿出来，砌出你们自己喜欢的图案——心形、圆形、三角形，什么图形都可以，咱们要把这条路铺成一条五彩路！"

多少年过去，当年的孩子又有了孩子。

当他们满怀信任地将自己的孩子再度送进自己的母校时，总忘不了牵着孩子的手，带他们来走这条五彩路。不再年少的心澎湃着，激荡着，在分享不尽的包容与睿智面前，再一次领受了生活的美好，再一次汲取了奋进的力量。

重新开始

英国史学家卡莱尔费尽心血，经过多年的努力，总算完成《法国大革命史》的全部文稿。

他兴奋不已，将这本巨著的原件送给他的朋友米尔阅读，请米尔批评指教。

然而，命运与卡莱尔开了一个不小的玩笑。就在第二天，这部珍贵的手稿被米尔的女佣当做废纸丢进了火炉！

更为糟糕的是，为了保持书房的整洁，卡莱尔每写完一章，就随手把原来的笔记、草稿撕碎。

可以想象卡莱尔当时的心情。

但是卡莱尔很快就平静了下来，反而安慰悲伤的米尔："没关系，就当我将作文交给老师批阅，老师说：'这篇不行，重写一次吧，你可以写得更好！'"

后来，卡莱尔再起炉灶，提笔重写这部巨著，而这第二稿的质量，无论在文字上还是内涵上，都达到了卡莱尔写作生涯的巅峰。

　　死而复生的《法国大革命史》告诉我们，人生纷繁驳杂，每个人都可能遭遇突如其来的意外打击，如何面对不幸与打击，是对人生的重大考验，人生的成功与否，也往往取决于这一刻的抉择——假如从此一蹶不振，人生肯定失败；如果重振旗鼓从头做起，人生会充满精彩！意外的灾难不能把一个人打倒，真正让一个人失败的是他信念的丧失。正如美国思想家爱默生所说："千万不要绝望，即使绝望了，也要在绝望中继续做下去。"

微笑是最美丽的姿态

当你面对别人的误解，面对无端的指责时，你会怎么应对呢？是生气地和人大吵一架，是想着怎么去报复他，还是像小说中的大侠那样"一笑泯恩仇"呢？

要明白报复是不能带给你快乐的。小罗宾逊为了报复一只蜜蜂的叮咬，结果引来了更多的蜜蜂；相反的，木匠则搭建了一座"心灵的桥梁"，巧妙地化解了兄弟间的矛盾，让两人和好如初，并懂得了微笑地去面对生活。

微笑是最美丽的姿态，它并不代表着你的软弱，相反的，它是你强大的体现。它意味着你有足够强大的内心世界，能坦然面对别人对你的非议与指责。

同时，微笑也是一种宽容、大度的体现。校长的一个微笑，让两个顽皮的孩童懂得了责任与欣赏，让他们改过逃学懒散的坏习惯。那条美丽的五彩路也成了校园中一处特别的风景，它代表着长者的包容与教育的智慧。

　　用微笑代替愤怒，你将收获别人的尊重；用微笑赶走报复，你将拥有一个平和的心态；用微笑驱散怨恨，你会拥有更和谐美好的人生。

　　最后，问问自己，今天你微笑了吗？

王旦宽以待人

北宋时，宋真宗封王旦为本朝宰相，封寇准为枢密院副使。寇准非常不服气，认为王旦不如自己，官职反而比自己高。他越想越气，决定找茬来杀杀王旦的锐气。

有位大臣发现中书省起草的一篇公文在格式上有不妥之处，便告知了寇准。寇准第二天上朝的时候把公文呈给宋真宗看了。宋真宗怒不可遏，当下严厉地批评了王旦，并下令将中书省所有大小官员的俸禄减半。

中书省的官员得知此事非常生气，也决定找机会出气。但王旦的心态却异常平静，他开导手下官员："不管别人做了什么，毕竟我们有错在先。公文的格式不对，我们难辞其咎，今日也算是个教训。"

凑巧的是，不久后的一天，中书省的官员发现枢密院的公文也出现了错误，大家非常高兴，正打算以其人之道还治其人之身。但王旦却只是差人把公文退回去了。

寇准拿到退回的公文，第一次深深地认识到自己确实不如王旦。

后来，寇准因为举办五十岁寿辰的寿筵，惹怒了宋真宗，宋真宗打算严惩寇准。真宗的贴身太监将此事悄悄地告诉了寇准。寇准不知所措，太监就给寇准出主意，让寇准申请离京去做节度使。

寇准想了想，此事只能求王旦。于是，他快书一封，送给王旦。始料不及的是，王旦的回信是："将相的职务，岂能靠私情求得？我身为一朝宰相，绝不受私人之托！"

可是，寇准万万没有想到，第二天上朝，宋真宗竟然下令封他为武胜军节度使，且享有宰相之名。寇准几乎不敢相信自己的耳朵。宋真宗告诉他，是王旦极力推荐的。寇准回头看看王旦，王旦微笑颔首，说："我不是因为私情才举荐你，而是因为你确实是个不可多得的人才。"

四年后，王旦重病在身，无法料理国事，就举荐寇准接替了宰相一职。寇准非常敬重王旦宽以待人的高尚品行，每天上完朝，都到王旦的床前问候。

仁爱无敌

　　2008年9月，美国大选正在如火如荼地进行，以奥巴马、拜登为候选搭档的民主党和以麦凯恩、萨拉·佩林为候选搭档的共和党，正在进行激烈的大选争夺战。两党为了获得选民的支持互相攻击。

就在这个时候，有媒体曝出一个惊人事件：共和党副总统候选人佩林的17岁女儿未婚先孕。这个"丑闻"无疑给佩林的脸上抹了一层灰，因为佩林一直声称是反对早孕的，而作为一个副总统候选人，居然连自己的孩子都没管好，如何去为国人做表率，去管理国家呢？

佩林本人和共和党顿时陷入一种极度尴尬的境地，陷入了短暂的集体沉默中。这个时候，民主党的很多人士和支持者，都认为这是上天赐予奥巴马选举阵营的一个宝贵机会，只要奥巴马向佩林发出强烈抨击，就会在人气上更胜一成，以更高的支持率领先共和

党阵营。这一天，记者终于截住了奥巴马。记者拥到他的身边都急着问同一个问题："请问，奥巴马先生，您就萨拉·佩林十几岁的女儿怀孕一事有何评价？"

这时，对奥巴马来说，是一个绝好的机会，他的一句话就可能成为给对手的致命一击——这也是他的很多支持者希望听到的。但是，奥巴马只是轻轻地摇摇头，微笑着说："我想说的是，我妈妈18岁时便生下了我！"

喧闹的现场一阵沉默！谁都没有想到，奥巴马会给出这样一个仁慈、朴实和高尚的回答，这分明是在帮佩林以及她的女儿辩护，甚至为此牺牲自己的选战机会。他拥有很多的答案可以选择，很多答案都可能让他获得政治分。哪怕是沉默而不作回答，对他来说也是有利的，但是他却给出了这样一个高尚的回应。现场的沉默终于被一阵热烈的掌声打破，远处又传来了"奥巴马、奥巴马！"的呼喊声……

奥巴马的表现令评论界一片哗然，就在政治评论家和分析师都目瞪口呆甚至扼腕叹息的时候，奥巴马的支持率却猛地拉升起来。很多中间选民开始倒向奥巴马，因为奥巴马博大的胸怀打动了他们，他们认为只有宽仁的人才能胜任美国总统这一职务。

争吵

    在森林中的一棵大树下，两个男孩看到了一个又大又好的坚果，于是他俩都跑过去要摘这个果子。

    詹姆斯最先跑过去把它摘了下来。

    “这是我的，”约翰说，“因为是我先看到它的。”

    “不，这是我的，”詹姆斯说，“因为是我最先摘到它的。”

    于是，他们为了这个坚果争吵起来。

    过了好长时间，他们还无法为这个坚果的归属达成一致，为此他们找来了一个年龄稍大一些的男孩，想听听他的意见。

    稍大的男孩说：“我来解决你们的争吵。”

    他拿过坚果，打破硬壳，取出果仁，然后把果壳尽可能地分成几乎相等的两部分。

    他说：“果壳的这半部分，属于最先看到这个坚果的人。”

    “果壳的另外一半分给摘到这个坚果的人。”

    “坚果的果仁呢，我就把它留给自己作为我解决这次争吵的

报酬。"

随后，他大笑着说："这就是争吵最容易出现的结局。"

互不相让的结果会使争吵双方都受到损失，从小事开始学会谦让和谅解是孩子成长的极其重要的一步。

朱冲送牛

晋朝有位心地善良、待人宽厚的大臣，名叫朱冲，虽然他官位很高，却从不仗势欺人，还能够时时处处替他人着想，从来不把别人的过失放在心上。这种宽容忍让的美德，朱冲小时候就已经养成了。

朱冲出生于南安一个比较贫穷的家庭，家里没有足够的钱供他念书，朱冲只好成天在家种地放牛。

有一次，他正在野外放牛，忽然邻居家一头放牧的牛朝他跑了过来，邻居慌慌张张地东瞧瞧、西看看，最后不由分说，牵了朱冲的一头小牛，转身就走了。

和朱冲一起放牛的牧童十分惊讶，半天才回过神来，连忙扯着朱冲的袖子说："快！快去把牛追回来。那头是你家的牛啊！这人怎么招呼都不打就牵走了。快去追呀！"

朱冲看到邻居把自己的牛牵走了，既不生气，也不去追，只是淡淡地回答说："这里边一定有什么原因，等回家后再问问。"

　　过了一会儿，只见把牛牵走的那个邻居，又满头大汗地赶着牛跑了回来。他走到朱冲面前，不好意思地连声道歉："真对不起！真对不起！我的牛原来跑到树林子里了。看我多糊涂，还牵走了你家的牛，真对不起，现在我给你牵回来了，嘿嘿，认错牛了。"

　　朱冲听明原因，笑了笑，不以为意。他想起这个邻居家里十分

困难，就又把牵牛的绳子塞回邻居手里："没什么。你家很困难，这头小牛就送给你了。"邻居一下子感动得说不出话来。

村里还有一家人，平时好占小便宜，曾三番五次地故意把牛放到朱冲家的地里，让牛随意啃吃地里的庄稼。

朱冲看到后，也不在乎。别人劝他去找那家人理论，朱冲笑笑说："人家也许有人家的难处，我能帮得上忙就该帮帮他。"

于是，朱冲每天下地收工回来，途中总要多打几捆草，连同那啃吃庄稼的牛，一同送回那人家中。

朱冲把草和牛送到那家人门口，还诚恳地对主人说："你们

家人少地多，顾不上照看牲口，我家草多，给你拿些来喂牛吧！喂完了，我还可以再给你家多送些来。"

那家人一听，既羞愧又感激地对朱冲说："你真是太好了！你放心，以后，我们再也不让牲口去糟蹋你家庄稼了！"

待人宽厚的朱冲赢得了亲朋、乡邻的一片赞扬。

63

勾践忍小成大事

春秋时期，吴国和越国同处江南，相互交战，积下了很深的矛盾。先是越国杀死了吴王阖闾，后来阖闾之子夫差又将越王勾践俘虏了。

勾践为了保住自己的性命，由他的大臣文种买通了吴王的大臣，以割地、赔款、进献美女等极为优厚的条件来向吴王投降。

在这些利益的驱使下，夫差同意越国投降，但仍把勾践夫妇作为俘虏押往吴国，这样越国就会陷入混乱，再也不会对吴国构成威胁。

夫差将勾践押回吴国都城后，将他们夫妇软禁于一间石室之中，让他们干最脏最累的活。

勾践整天蓬头垢面地干活，没有丝毫怨言，似乎忘记了屈辱，已甘心为奴了。

夫差还经常派人去察访。察访的人向他报告说勾践夫妇生活非常艰辛，但干活却很勤快，从不偷懒，并没有看到不轨的举动。

　　夫差出门时，还让勾践为他牵马，来到大街时，侍从还高声大喊："快来看呀，现在站在你们面前的是越王勾践，他现在已经沦落为大王的马夫了。"于是街上的人纷纷上前对勾践又是推搡又是打骂。尽管勾践受尽了羞辱，但并没有异常的行为，似乎已麻木不仁了。

　　时间一长，夫差认为勾践已经胸无大志，对他的管束也逐渐松懈了。

一次，夫差受了风寒，在宫中养病。勾践知道后，带着焦急的神情前来探望。当他进门时，夫差正在大便，为避免尴尬，夫差赶紧钻进被窝。勾践走到跟前，揭开马桶盖子，观察了一下粪便的颜色，再探出头去闻粪便，最后竟蘸了粪便放在嘴里尝一下，然后对夫差说："恭喜大王，大王的病已无大碍，马上就会好的。"

夫差被他的异常之举搞糊涂了，忙问："你怎么知道的？"

勾践回答说："我看大王的粪便是黑色的，闻了以后有奇臭，尝了以后却带了一丝苦味，说明肚中的毒物已经经过粪便排出，毒物既出，大王的病也就没有大碍了。"

夫差听了非常高兴，说："难得你如此真心。"勾践煞有介事地回答说："儿子为父亲尝便，古时候就已经有了，臣子为君王尝粪，就从我开始吧。"

夫差听了十分感动，说："等我病好了以后，就会放你们回国。"

几天之后，夫差的病好了，他履行了自己的诺言，放勾践夫妇回国，这时在越国代王主政的大臣文种已带人来迎接了。

回国以后，勾践卧薪尝胆，励精图治，十年教训，十年生聚，使越国恢复了元气。后来他趁吴王夫差出兵与中原大国争霸之时，攻打吴国。经过多次战斗，终于把吴国打败了，夫差走投无路，只得自杀。勾践忍小谋大，发愤图强，不仅打败了吴国，而且一度称霸诸侯。

欧阳修不冒他人之功

北宋时，欧阳修和宋祁都是朝廷中鼎鼎有名的大才子。

一天，宋仁宗宴集群臣，吩咐每人作一首诗，并从腰中解下一块玉佩说："谁作得又快又好，就把这块玉佩赐给他。"宋祁才思敏捷，一挥而就。仁宗看了他的诗作后非常满意，正要将玉佩赐给他。谁知欧阳修也作好一首诗，仁宗一看，认为欧阳修的诗作更加出色，于是改变了主意，将玉佩赏赐给欧阳修。从此，宋祁对欧阳修总有些怨气。

一次上朝时，仁宗问及欧阳修编写《新唐书》的情况。原来《新唐书》是欧阳修和宋祁合著的，仁宗认为宋祁的文风过于华丽，便让欧阳修进行修改。

本来就有怨气的宋祁，得知这个消息后更加郁闷，便到屋外散心。路上，仆人提醒他：欧阳修也许会趁修改书稿之机加以陷害，所以必须小心提防。宋祁左思右想，却又无计可施。正在长吁短叹间，突然一队人马迎面而来，场面非常浩大。马队在一家茶楼

前突然停下，有辆豪华马车的车帘掀开了，一个年轻姑娘悄悄探出头来，叫了一声："宋大人！"宋祁赶忙转过头去，只见那姑娘微微一笑，车帘随即又放下了。

宋祁非常得意："哈！没想到这个时候，还有人记得我宋祁？！"顿时诗兴大发，仆人赶紧笔墨伺候，他写下了一首诗，当即让仆人给送去。他望着远去的马队得意扬扬。

谁知第二天一大早，仁宗便召见宋祁，怒气冲冲地将一首诗作扔给他。宋祁捡起来一看，正是自己昨天所作的，顿时吓得魂飞魄散、汗流满面。

原来，那回眸一笑的姑娘竟是内廷的女官。仁宗怒道："早就听说你为人随便，现在竟写出这种浮躁华艳的东西，真不知《新唐书》让你弄成什么样子？你回去闭门思过！"灰头土脸的宋祁回到家后，焦虑不安。

仆人给他想了个计策：托人向欧阳修求情，让他不要为难自己。宋祁恃才气傲，并不愿意向欧阳修低头，但经仆人再

三劝说，宋祁只好允诺。于是，便有人在欧阳修面前为宋祁求情，请他网开一面、手下留情。

欧阳修感到莫名其妙，而又讳莫如深，求情人只好没趣地走了。

宋祁知道此事后，对欧阳修更加恨之入骨。朝廷的官员们平日里就看不惯宋祁恃才傲物、目中无人，见他落到如此下场，都认为是咎由自取。而欧阳修却说："我修改书稿是秉公办事，跟这些私人恩怨并无瓜葛。"

没过多久，宋祁走投无路，只好硬着头皮自己找到欧阳修的府上。宋祁吞吞吐吐说出了登门的目的——希望欧阳修不要挑自己书稿的毛病。欧阳修一听，正色道："我奉旨修改书稿，乃是公事，与你私下谈论，似乎不大合适。"话音刚落，便高声吩咐仆人送客。宋祁吃了个逐客令，郁闷地回到家中，心里忐忑不安，随时等待厄运的降临……

几天后，有人给他报信：欧阳修已经把《新唐书》的书稿送进宫了。宋祁万念俱灰，绝望地等待着仁宗的发落，但万万没想到

的是，欧阳修不仅没有对他的书稿大作修改，还在仁宗的面前为他说情："宋祁的诗词固然浮华，但写史和写诗词有所不同，宋祁的稿子

并无不妥，所以没有多改。"仁宗满意地点点头。

　　欧阳修紧接着又说："按历朝的规矩，我官职比宋祁高，《新唐书》应由我一人署名，但此书稿大部分是宋祁所写，花了他不少心血。我愿与宋祁共同署名，恳请皇上恩准。"满朝文武举座皆惊。仁宗也有些惊讶："听说你跟宋祁有点儿小小的不和，怎么今天倒帮他说话？"欧阳修正色说："我与宋祁虽无交情，但也不忍夺他的功劳，据为己有。"仁宗非常欣赏欧阳修的宽容大度，于是同意了他的请求。

　　后来，宋祁弄清了事情的来龙去脉后，非常惭愧，亲自上门向欧阳修谢罪。两人消除了隔阂，成了好朋友。

有一颗宽容心是成功者的必备素质

宽容是人际交往的润滑剂，也是一个成功者必须具备的素质。

在同学中，你会发现，最受大家喜爱的往往正是那些有宽容心的人。人在社会的交往中，吃亏、被误解、受委屈的事总会不可避免地发生，面对这些，最明智的选择就是学会宽容。

奥巴马总统能够容忍、体谅地替竞争对手及其女儿辩解，从这个故事中，我们就不难理解他在政治上所取得的成功；王旦宽以待人，大度地推荐嫉妒自己的寇准，不仅化解了二人之间的矛盾，也让国家政治清明，百姓安居；欧阳修以德报怨，显示了一代大家的独到风范。这些成功者身上，都闪烁着宽容与智慧的光芒。

所以说，宽容是一种生存的智慧、生活的艺术。

小读者们，对你身边的伙伴宽容，你将收获人气；对

你的对手宽容，你将收获欣赏与敬佩。

当有人伤害到你时，不妨带着你的宽容心冷静地想一想，"退一步海阔天空"。

他不是故意的

一天，一个年轻的犹太妈妈带着儿子去拜访朋友。在公共汽车上，一位背着大包的青年挤进了车厢，妈妈被大包撞到了一边。

儿子关切地问："妈妈，你没事吧？"同时，他恼怒地看了那位青年一眼，喊了一句："太可恨了！"

年轻的妈妈看着儿子，说道："可不能这么说，这位叔叔不是故意的。"这时，那位青年也连连向她道歉。儿子听到这些，惭愧地低下了头。

几天以后，妈妈早早下了班，她骑着车子来到学校，准备接儿子回家，结果发现儿子的手破了皮，血一滴滴往下流。妈妈心疼极了，赶快找来一些纱布，将他的伤口包好。然后就去问老师是怎么回事，老师也很纳闷，因为她既没有看到他来报告，也没有听到他哭过。

妈妈不解地问："为什么不告诉老师呢？"

他笑着说道："妈妈，小朋友不是有意弄伤我的呀！为这

事，他已经深感不安了，如果我再去告诉老师，他会更加自责
的。"

　　妈妈听了非常高兴，摸着儿子的头说："好孩子，你已经学
会谅解别人了。"

　　谅解是良药，它能化解矛盾，使人和谐相处。做人应该大
度，与人为善，原谅别人的无心之错。

75

第六枚戒指

美国经济大萧条时期，一位18岁的姑娘曼莎好不容易才找到一份工作，在一家高级珠宝店当售货员。圣诞节的前一天，店里来了一位30岁左右的男顾客。他虽然穿着很整齐干净，看上去十分有修养，但很明显，这也是一个遭受失业打击的不幸的人。此时店里只有曼莎一个人，其他几个职员刚刚出去。

曼莎向他打招呼时，男子不自然地笑了一下，目光从曼莎的脸上慌忙躲闪开，仿佛在说：你不用理我，我只是来看看。这时，电话铃响了。曼莎去接电话，一不小心，将摆在柜台的盘子碰翻了，盘中装着的六枚精美绝伦的金戒指掉在了地上。姑娘慌忙弯腰去捡。可她捡回了五枚以后，却怎么也找不到第六枚戒指。

当她抬起头时，看到那位男子正向门口走去，顿时，她明白了那第六枚戒指在哪里。

当男子的手将要触及门框时，曼莎柔声叫道："对不起，先生。"

　　那男子转过身来，两个人相视无言，足足有一分钟。曼莎的心在狂跳：他要是来粗的怎么办？他会不会……

　　"什么事？"他终于开口说道。

　　曼莎极力压住心跳，鼓足勇气，说道："先生，这是我头一回工作，现在找个事儿真不容易，是不是？"

　　男子长久地审视着她，良久，一丝微笑在他脸上浮现出来，曼莎终于也平静下来，她也微笑着看着他，两人就像老朋友见面似的那样亲切自然。

　　"是的，的确如此。"他回答，"但是我能肯定，你在这里会干得不错。"

　　停了一下，他向前一步，把手伸给她："我可以为你祝福吗？"紧紧地握完手后，他转身缓缓地走向门口。曼莎目送着他的身影在门外消失，转身走回柜台，把手中的第六枚戒指放回原处。她的眼睛有些潮湿，她心里想：上帝呀，这些日子赶快过去，让大家都好起来吧。

把伤害留给自己

第二次世界大战期间，一支部队在森林中与敌军发生遭遇战，两名战士与部队失去了联系。他们之所以在激战中还能互相照顾、彼此不分，是因为他们是来自同一个小镇的战友。两人在森林中艰难跋涉，互相鼓励、安慰。

十多天过去了，他们仍未与部队联系上，幸运的是，他们打死了一只鹿，依靠鹿肉又可以艰难度过几日了。可也许因为战争的缘故，动物四散奔逃或被杀，这以后他们再也没看到任何动物。仅剩下的一些鹿肉，背在年轻战士的身上。

这一天，他们在森林中遇到敌人，经过再一次激战，两人巧妙地避开了敌人。就在他们自以为已安全时，只听到一声枪响，走在前面的年轻战士中了一枪，幸亏在肩膀上。后面的战友惶恐地跑了过来，他害怕得语无伦次，抱起战友的身体泪流不止，赶忙把自己的衬衣撕下包扎战友的伤口。

晚上，未受伤的战士一直念叨着母亲，两眼直勾勾的。他们都以为他们的生命即将结束，身边的鹿肉谁也没动。天知道，他们怎么过的那一夜。第二天，部队救出了他们。

事隔30年，那位受伤的战士安德森说："我知道谁开的那一枪，他就是我的战友。他去年去世了。在他抱住我时，我碰到了他发热的枪管，但当晚我就宽恕了他。我知道他想独吞我身上带的鹿肉，但我也知道他活下来是为了他的母亲。此后30年，我装着根本不知道此事，也从不提及。战争太残酷了，他母亲还是没有等到他回来，我和他一起祭奠了老人家。他跪下来，请求我原谅

他，我没让他说下去。我们又做了二十几年的朋友，我没有理由不宽恕他。"

　　一个人，能容忍别人的固执己见、自以为是、傲慢无礼和狂妄无知，却很难容忍对自己的恶意诽谤和致命的伤害。但只有以德报怨，把伤害留给自己，让世界少一些不幸，回归温馨、仁慈、友善与祥和，才是宽容的至高境界。

送一轮明月

宽容是心与心的交融，无声胜有声；宽容是仁人的虔诚，是智者的宁静。正因为天空容忍了雷电风暴一时的肆虐，才有了风和日丽；辽阔的大海容纳了惊涛骇浪一时的猖獗，才有了浩渺无限。

一位住在山中茅屋修行的禅师，有一天趁夜色到林中散步，在皎洁的月光下，突然开悟。他喜悦地走回住处，看见自己的茅屋遭小偷光顾了。找不到任何财物的小偷准备离开的时候在门口遇见了禅师。原来，禅师怕惊动小偷，一直站在门口等待。他知道小偷一定找不到任何值钱的东西，早就把自己的外衣脱下拿在手上。

小偷遇见禅师，正感到惊愕的时候，禅师说："你走老远的山路来探望我，总不能让你空手而回呀！夜凉了，你带着这件衣服走吧！"说着，就把衣服披在小偷身上，小偷不知所措，低着头溜走了。

禅师看着小偷的背影消失在山林之中，不禁感慨地说："可怜的人呀！但愿我能送一轮明月给他。"

禅师目送小偷走了以后，回到茅屋赤身打坐，他看着窗外的明月，进入空境。

第二天，他在禅室里睁开眼睛，看到他披在小偷身上的外衣被整齐地叠好，放在门口。禅师非常高兴，喃喃地说："我终于送了他一轮明月！"

面对偷窃的盗贼，禅师既没有责骂，也没有告官，而是以宽容的心胸原谅了他，禅师的宽容和原谅也终于换得了小偷的醒悟。

宽恕的力量

在美国南北战争期间，有一个名叫罗斯韦尔·麦金太尔的年轻人被征入骑兵营。由于战争进展不顺利，士兵奇缺，他几乎没有接受任何训练，就被临时派往战场了。

在战斗中，年轻的麦金太尔担惊受怕，终于开小差逃跑了。后来，他以临阵脱逃的罪名被军事法庭判处死刑。

麦金太尔的母亲得知这个消息后，她向当时的总统林肯发出请求。她认为，自己的儿子年纪轻轻，少不更事，他需要第二次机会来证明自己。

然而部队的将军们力劝林肯严肃军纪，声称如果开了这个先例，必将削弱整个部队的战斗力。

在这种情况下，林肯陷入两难境地。经过一番深思熟虑后，他最终决定宽恕这名年轻人，并说了一句著名的话："我认为，把一个年轻人枪毙对他本人绝对没有好处。"

为此他亲自写了一封信，要求将军们放麦金太尔一马："本

信将确保罗斯韦尔·麦金太尔重返兵营，在服完规定年限后，他将
不受临阵脱逃的指控。"

　　如今，这封褪了色的林肯亲笔签名信，被一家著名的图书馆
收藏展览。这封信的旁边还附带了一张纸条，上面写着："罗斯韦
尔·麦金太尔牺牲于弗吉尼亚的一次激战中，此信是在他贴身口袋
里发现的。"

拔除心中"杂草"

斯恩德有3个孩子。他要求大儿子克莱尔、二儿子卡尔夫和小女儿凯妮每天都去菜园里拔除杂草。尽管3个孩子非常不情愿,但他们深知父亲的脾气,每天放学后,都乖乖地去菜园拔草。

刚开始,他们会互相埋怨。

克莱尔说:"卡尔夫,你只管往前冲,根本不管身后的草是否拔干净,总是要我重新拔。"

卡尔夫说:"难道你没有看见,我拔得最多吗?你怎么不看看凯妮,我拔了一大片,她才拔了几棵!"

凯妮则哭了起来:"你们看,我的手上都起泡了,还有,我的花裙子又弄脏了。"

草并不是那么好拔的,有时拔草的同时,会将菜苗一起拔了出来;有时一不小心就会被杂草的尖刺划破手指。常常这块地里的草还没有拔完,一场雨下来,那块地里又冒出了小草尖尖的脑袋。于是,他们只好每天放学后在菜园里忙碌。慢慢地,孩子们不但学

会了拔草，而且也不再抱怨，他们还学会了忍耐。

菜园里的蔬菜，因拔除了杂草而长得郁郁葱葱，而孩子们也都爱上了拔草的工作。直到有一天，克莱尔宣布，他以后不能去菜园拔草了，因为他要去州立大学读书。临走时，克莱尔说："真舍不得啊，这么漂亮的一片菜地。"

于是，菜园里只剩下卡尔夫和凯妮了。又过了不久，卡尔夫宣布，他也要去远方读大学，不能去菜园拔草了。最后轮到了凯

妮。凯妮走的时候恋恋不舍地对父亲说，以后，菜园里的杂草由谁来拔呢？

父亲说："不用着急，我有除草剂呢。"

凯妮不解地对父亲说："您既然有除草剂，怎么还要我们兄妹几个花费时间去拔草呢？"

斯恩德舒心地笑了："现在你们兄妹三人都上了大学，不能忘了这拔草的功劳。拔草时，你们学会了忍耐，学会了宽容。要知道，心中的杂草靠除草剂可不行，要靠自己动手才能拔除！"

拿破仑的宽容

拿破仑在长期的军旅生涯中养成了包容、大度的美德。

作为全军统帅，拿破仑经常会批评士兵，但每次他都不是盛气凌人的，他能很好地照顾士兵的情绪。

士兵往往对他的批评欣然接受，而且充满了对他的热爱与感激之情，这大大增强了他的军队战斗力和凝聚力，使之成为欧洲大陆一支劲旅。

在一次战斗中，士兵们都很辛苦。

在夜间巡岗查哨过程中，拿破仑发现一名巡岗士兵倚着大树睡着了。

他没有喊醒士兵，而是拿起枪替他站起了岗，大约过了半小时，哨兵从沉睡中醒来，他认出了自己的最高统帅，十分惶恐。

拿破仑却并不恼怒，他和蔼地对他说："朋友，这是你的枪，你们艰苦作战，又走了那么长的路，你打瞌睡是可以谅解和宽容的，但是目前，一时的疏忽就可能断送全军。我正好不困，就替

你站了一会儿，下次一定小心。"

　　拿破仑没有破口大骂，没有大声训斥，更没有摆出全军统帅的架子，而是语重心长、和风细雨地批评士兵的错误。有这样大度的元帅，士兵怎能不英勇作战呢？如果拿破仑不宽容士兵，那只能增加士兵的反抗意识，丧失他本人在士兵中的威信，削弱军队的战斗力。

丢失的佛珠

从前，在一座大湖中央的小岛上，人们修建了一座庙，庙中供奉着传说中菩萨曾戴过的佛珠，一位老住持带着几位年纪较小的和尚在庙里修行。

有一天，老住持召集他们说："菩萨佛珠不见了！"

年轻的和尚们听完这句话，几乎个个瞠目结舌，他们都不敢

相信，佛珠怎么可能不见呢？因为庙中只有一个门，24小时都由这几位和尚轮流看守，外人根本进不来。

老住持以平静的口吻说："给你们七天静思，只要拿的人能够承认错误，然后好好珍惜这串佛珠，我愿意将它送给喜欢它的人。"

第一天没有人承认，第二天也没有，只是原来互敬共处的和尚们，多了猜疑与疑忌，甚至彼此之间也不再交谈。慢慢地，和尚们开始变得十分气愤，都恨那个偷了东西而又不敢承认的小偷。

这样的气氛持续到第七天，还是没有人站出来。

看到这种情况，老住持说话了："各位，你们都认为自己是清白的，表示你们的定力已够，佛珠不曾诱惑得了你们，明天早上你们就可以离开这里，修行可以告一段落了。"

第二天早上，为了表示自己的清白，和尚们一大早就背着行囊准备离开。只剩一个双眼失明的瞎和尚依然在佛像面前念经，众和尚心中松了一口气，终于有人承认拿了佛珠，这下子让冤情真相大白。大家又私下埋怨着这个小偷，不然，他们可以继续在寺院里修行呢。

老住持分别向这些无辜的和尚道别后，转身询问瞎和尚："你为什么不离开？佛珠是你拿的吗？"

瞎和尚回答说："我没有拿。但是，佛珠掉了，佛心还在，我为修养佛心而来！"

"既然没拿，为何留下来承担所有的怀疑，让别人误会是你拿的？"老住持问道。

瞎和尚回答："过去的七天中，怀疑让大家彼此猜忌，让人伤心，自己的心，还有别人的心。需要有人先承担才能化解怀疑。"

于是，老住持从袈裟中拿出传说中的佛珠，将它戴在瞎和尚的脖子上："佛珠还在，只有你学会了承担！"

扔掉土豆

  一位小学老师发现班上同学之间不够和睦，决定让她班上的孩子们玩一个游戏。她让孩子们每人从家里带来一个塑料口袋，里面要装上土豆，每一个土豆上都写着自己最讨厌的人的名字。

  第二天，每一个孩子都带来了一些土豆。有的是两个，有的是三个，痛恨的人越多口袋里土豆的数量也就越多，有的甚至带来了五六个。然后老师告诉孩子们，无论到什么地方都要带着土豆袋子，即使是上厕所的时候。

  日子一天天过去，土豆开始发芽，然后腐烂，散发出难闻的气味。另外，那些带着很多个土豆的孩子也不愿意再随身带着沉重的袋子。半个月后，游戏结束，孩子们终于解放了。

  老师问他们："在这些天里，你们对随身带着土豆有什么感觉？"孩子们纷纷沮丧地表示，带着土豆袋子行动不便，还有，土豆腐烂后散发的气味很难闻。

  这时，老师告诉他们这个游戏的意义。她说："这就和你心

里嫉恨自己讨厌的人一样。嫉恨的毒气将会侵蚀你的心灵，而你无论到什么地方都要带着它。如果你连腐烂土豆的气味都无法忍受两个星期，你又怎么能让嫉恨的毒气占据你的一生？"

所以，不要让一生都背负仇恨的包袱，原谅别人的过错，自己也得到了解脱。

生气时，不妨换位思考一下.

　　小读者们，你是否知道，在你生气时，往往正是因为你过于关注自己的感受？比如说有人动了你的书桌，有人碰洒了你的水杯，有人对你不理不睬。

　　这些时候，也许你会有些生气，你会去想别人为什么这么讨厌。但是，为何不暂时搁置自己的感受，去换位思考一下呢？

　　比如故事中的那个犹太小孩，他的手擦破了，但他想弄伤自己的小孩这时也许正懊恼难过着呢，于是他选择了沉默；再比如《把伤害留给自己》中那个射伤战友的人，被安德森的大度与包容感化，并为自己的所作所为而悔恨。拿破仑为士兵站岗也是一种宽容，这是他体恤士兵的劳累，换位思考的结果，他的大度凝聚了队伍的战斗力，更让自己的威信牢牢地确立在军队中。

　　要知道生气也许会让你一时获得发泄的快感，但最终不是让你陷入悔恨，就是会给你带来更大的麻烦。所以，在生气时，不妨换位思考一下。也许别人正在匆匆地赶路，没有留意到路边的你；也许别人正处在伤痛之中，暂时忽略了你的感受；也许别人也满怀歉意，却被你的冷漠与愤怒拒之千里。

　　小读者们，生气时，请先换位思考一下，用你的微笑去化解矛盾吧。

忍让的收获

张良是汉初的功臣，与韩信、萧何合称"汉三杰"。张良的祖父、父亲均曾是韩国宰相。韩被秦灭亡后，他在博浪沙行刺秦始皇未中，改名逃亡到下邳藏匿。

据《史记》记载：有一次，他在下邳桥上散步，遇到一位穿布短衣的老者，那老人故意将自己的鞋子扔到桥下，喝令张良到桥下给他取鞋。

刚开始张良感到非常生气，但是看到老人如此年迈，就忍着性子给老人取回了鞋。可那老人又得寸进尺地命张良给他穿上，张良忍住了气愤，又跪着替他穿好。老人却连声谢谢都不肯说，只是笑笑就走了。

没有走多远，老人又回来对张良说："你这孩子还不错，可以教导，5日后天明时，在这里和我会面。"张良点头答应。

5天以后，天刚亮的时候，张良来到了桥上，可是老人已经到了，看到张良来，老人生气地指责他失信，与老人约会不应迟到，

并说："再过5日早点来。"

　　5天之后，鸡刚啼鸣，张良就到了桥上，可老人又已站在桥上等他。这次老人转身就走，并且生气地说："过5天再早点来。"

　　又过了5天，这一次，张良半夜就到桥上去等。不久，老人来了，看到张良已经来了，很高兴，夸奖张良这一次没有失约。老人拿出一部书，说："读了这部书，就能做帝王的老师了，10年后就会得到验证。"说完，老人就走了。

天亮以后，张良看老人送的书，原来是一部《太公兵法》。相传，张良得到此兵书以后，刻苦研读，才干大增，后来成为刘邦的重要谋士，曾为刘邦六出奇计，为刘邦打下江山立下了汗马功劳。

把怨恨留在身后

　　南非的民族斗士曼德拉，因为领导反对种族隔离政策而入狱，白人统治者把他关在荒凉的大西洋小岛罗本岛上27年。当时尽管曼德拉已经高龄，但是白人统治者依然像对待一般的年轻犯人一样，对他进行残酷的虐待。

　　罗本岛是南非西开普省桌湾中的岛屿。岛上布满岩石，到处都是海豹和蛇及其他动物。

　　曼德拉被关在总集中营一个"铁皮房"，白天打石头，将从采石场采的大石块碎成石料；有时从冰冷的海水里捞取海带，还做采石灰的工作。他每天早晨排队到采石场，然后被解开脚镣，下到一个很大的石灰石田地里，用尖镐和铁锹挖掘石灰石。因为曼德拉是要犯，专门的看守就有3人。他们对他并不友好，总是寻找各种理由虐待他。

　　但是，当1991年曼德拉出狱当选总统以后，曼德拉在他的总统就职典礼上的一个举动震惊了整个世界。

　　总统就职仪式开始了，曼德拉起身致辞欢迎他的来宾。他先介绍了来自世界各国的政要，然后他说，虽然他深感荣幸能接待这么多尊贵的客人，但他最高兴的是，当初他被关在罗本岛监狱时，看守他的3名前狱方人员也能到场。他邀请他们站起身，以便他能介绍给大家。

　　曼德拉博大的胸襟和宽容的精神，让南非那些残酷虐待了他27年的白人无地自容，也让所有到场的人肃然起敬。看着年迈的曼德拉缓缓站起身来，恭敬地向3个他的曾经的看守致敬，在场的所有来宾以至整个世界都静下来了。

　　后来，曼德拉向朋友们解释说，自己年轻时性子很急，脾气暴躁，正是在狱中学会控制情绪才活了下来。他的牢狱岁月给他时

间与激励，使他学会了如何处理自己的遭遇和痛苦。他说，感恩与宽容经常是源自痛苦与磨难的，必须以极大的毅力来训练。

他说："当我走出囚室、迈过通往自由的监狱大门时，我已经清楚，自己若不能把悲痛与怨恨留在身后，那么我其实仍在狱中。"

秦穆公失马

　　秦穆公巡游时，车子在路上坏了。当他停下来修理车子时，一匹烈马突然挣脱缰绳跑了。

　　秦穆公紧追不舍，越追越远，一直追到岐山南面。这时，秦穆公看到一群人聚集在一起，十分热闹，就准备上前问问他们有没

有看到一匹逃脱的烈马。

当他走近时，才发现那群人宰杀了他的马，并且已经开始煮着吃了。

秦穆公虽然心里十分不快，但还是忍住了不发火。他叹了一口气，想：既然马已经被杀了，也没有办法挽回了，吃了就吃了吧。只是他们吃的是一匹烈马，吃烈马的肉还是有讲究的。

于是他走上前关切地说："你们知道吗，你们吃的可是烈马的肉。如果只吃肉不喝酒，是要伤身体的。我很担心它会伤害你们的身体。"说完就一个一个地为他们倒酒。

当秦穆公准备离去时，有个人好意说道："您也来一点儿吧。"

秦穆公摇摇头说："不啦，那是我自己的马，我不忍心吃啊！"说完转身离去。

分吃马肉的人得知事情的真相后，心里很不是滋味。

过了一年，秦穆公和晋惠公交战，晋军把秦穆公的战车团团围住了，要活捉秦穆公。就在这危急时刻，曾经吃过秦穆公马肉的那群人知道了情况，立刻带着人马，提刀持剑前来保护秦穆公。

他们在秦穆公的车前同晋军浴血奋战，十分英勇。结果不仅解救了秦穆公，还将晋惠公生擒了。秦穆公感激地对他们说："这次真是多亏了你们，要不然我就性命难保了。"

　　"哪里，是您的品德让我们感动。为了您，我们死而无憾。"那群人异口同声地说。

无法走出的沙漠

在一次战役后，命运将两个地位悬殊的人拉到了一起：一个是年轻的指挥官，一个是年老的炊事员。

他们在逃亡途中不期而遇，他们又不约而同地选择了相同的逃亡路径——沙漠。追兵追到沙漠的边缘后就止步了，因为他们不相信会有人能够从那干旱的沙漠里活着出去。

年老的炊事员对年轻的指挥官哀求道："请把我带上吧，丰富的阅历教会了我如何在沙漠中辨认方向，我会给予你帮助的。"

指挥官疑惑地下了马，他望着老人花白的双鬓，心里不禁一颤：由于我的无能，几万个鲜活的生命从这个世界上消失，虽然我没有资格再活在这个世上，但我有责任保护这最后一个士兵。于是他把老人扶上了战马。

他们在一望无际的沙漠中跋涉。这里没有一个标志性的东西，使人很难辨认方向。"请跟着我走吧！"老人果断地说。指挥官跟在他的后面。

　　如火的阳光将沙子烤得如炙热的煤炭一样，他们的喉咙干得

几乎要冒烟。他们没有水，也没有食物。老人说："把战马杀了

吧！"年轻人怔了一怔，唉，要想活着出去也只能这样做了。年轻

人取下腰间的军刀……

　　"现在马没有了，我也走不动了，请你背我上路吧！"

　　年轻人又一怔，心想，你有手有脚，为什么要人背着走，这要求着实有点过分。但长期以来，年轻人都处在深深的自责之中，老人之所以要在沙漠中逃生，完全是由于自己的不称职所致。因此，他此刻唯一的信念就是让老人活着走出沙漠以弥补自己的罪过。

　　年轻人背着老人艰难地前行，在沙漠中留下了一串深陷且绵延的脚印……

　　他们越来越虚弱，直到有一天，老人奄奄一息了。"你走吧，别管我了。"

　　老人愤愤地说，"我不行了，还是你自己去逃生吧。"

　　"不，我已经没有了生的意念，即使活着我也不会得到别人

的宽恕，你要挺下去，我一定会把你送出沙漠的。"

老人苦笑道："说实话，这些天来难道你就没有感到我在刁难、拖累你吗？我真没想到，在这样的环境下，你的心还可以包容下这些不平等的待遇。"

年轻人痛苦地说："我此刻只有一个念头，那就是让你活着出去，你让我想起了我的父亲。"

这时，老人从身上解下了一个布包，说道："拿去吧，里面有水，也有吃的，还有指南针，你朝东再走一天，就可以走出沙漠了，我们在这里的时间实在太长了……"老人闭上了眼睛。

"你不要睡，你醒醒，我不会把你丢下不管的，我要你和我一起走出沙漠。"

老人勉强地睁开眼睛，无力地说道："你……你……你真的认为这沙漠漫无边际吗？其实，从我们进入沙漠的那一刻起，只要走三天就可以出去了，我只是带你走了一个圆圈而已。我亲眼看着我两个儿子死在敌人的刀下，他们的血染红了我眼前的世界，这全是因为你。我曾想与你同归于尽，一起耗死在沙漠里，然而你却用胸怀融化了我内心的仇恨，我已经被你的宽容大度征服。你要好好地活下去，世上需要你这样的人。"老人面带微笑地离开了这个世界。

　　年轻人震惊地矗立在那儿，顿感自己仿佛又经历了一场战争，一场人生的战斗。他得到了一位慈父的宽容。此刻他才明白，武力征服的只不过是人的躯体，只有靠爱和宽容才能真正赢得对手。

用爱把敌人变成朋友

1944年的一个冬天，已经饱受第二次世界大战创伤的莫斯科

这时非常寒冷，苏联俘虏了一批大约两万人的德国战俘。他们排成

纵队，从莫斯科大街上依次穿过。

这时，因为是严冬，天空中飘飞着大团大团的雪花，气温很低，但所有的马路两边，依然挤满了围观的人群。大批苏军士兵和治安警察，在战俘和围观者之间划出了一道警戒线，用以防止德军战俘遭到围观群众愤怒的袭击。

这些老少不等的围观者大部分是妇女，她们来自莫斯科及其周围乡村。她们中间每一个人的亲人，或是父亲，或是丈夫，或是兄弟，或是儿子，都在德军所发动的侵略战争中丧生。她们都是战争最直接的受害者，都对悍然入侵的德国军人怀着满腔的刻骨铭心的恨。

当大队的德军俘虏出现在妇女们的眼前时，她们全都将双手攥成了愤怒的拳头。呼啸的人群前簇后拥，她们希望挤上前去，哪怕只是靠近一点点。要不是有苏军士兵和警察在前面竭力阻拦，她们一定会冲上去，她们渴望把这些杀害自己亲人的刽子手撕成碎片。

这些德国俘虏们都低垂着头，胆战心惊地从围观群众的面前缓缓走过。他们这些人中还有很年轻的军人，也许只有十六七岁吧，他们的脸上满是恐惧与无助，在愤怒的汪洋之海中穿行的人啊，随时都有被仇恨吞噬的危险。他们从内心深处感受到了这种危险。

突然，一位上了年纪、穿着破旧的妇女走出了围观的人群。她平静地来到一位警察面前，请求警察允许她走进警戒线去好好地看看这些俘虏。

警察看她满脸慈祥，觉得她应该没有什么恶意，便答应了她的请求。于是，她走过警戒线，来到了俘虏们的身边，颤巍巍地从怀里掏出了一个印花布包。打开一层一层的布，里面是一块黝黑的面包。她不好意思地将这块黝黑的面包，硬塞到了一个疲惫不堪、拄着双拐艰难挪动的年轻俘虏的衣袋里。嘴里还说着："只有这么一点了，真不好意思，你凑合着吃点吧。"

年轻俘虏怔怔地看着面前的这位妇女，刹那间泪流满面。他

扔掉了双拐，"扑通"一声跪倒在地上，其他战俘受到感染，也接二连三地跪了下来，拼命地向围观的妇女磕头。

于是，整个人群中愤怒的气氛一下子改变了。妇女们都被眼前的一幕深深感动了，纷纷从四面八方涌向俘房，把面包、香烟等东西塞给了这些曾经是敌人的战俘。

这位善良的妇女，用爱把敌人变成了朋友，用宽容化解了众人心中的仇恨。

宽　容

　　宽容是一门交际的艺术。它润滑了彼此的关系，消除了彼此的隔阂，扫清了彼此的顾忌，增进了彼此的了解。宽容打开两颗相对封闭的心灵，像一种明澈而柔润的调剂，使之相融相知。懂得宽容的人生是美丽的。

　　宽容不是怯懦，不是在威逼利诱前诚惶诚恐，阿谀奉承，低头哈腰；不是在是非曲直面前，唯唯诺诺，人云亦云，颠倒黑白。

　　宽容不是交易，不是为了得到别人的信任，甜言蜜语，口是心非，笑里藏刀；不是为了获取更多的权益，小恩小惠，虚情假意，收买人心。

　　"大肚能容，容天下难容之事；笑口常开，笑天下可笑之人。"身在红尘，却超凡脱俗，海阔天空，胸无城府，是宽容。

　　"刚直不阿，留将正气冲霄汉；忧愁发愤，著成信史照兴衰。"忍辱含屈，却万丈豪情，执著信念，成就天下，是宽容。

　　"君子食无求饱，居无求安，敏于事而慎于言。"静对华

贵，不拘小节，忘却功利，咬定青山，壮志抒怀，腾达事业，是宽容。

"千磨万击还坚劲，任尔东西南北风。"不惧胁迫，笑对困扰，排忧解惑，心如磐石，不卑不亢，是宽容。

宽容是一江春水，抒写了温馨、闲适与融洽，让人在柔和舒适间倍感亲切。

宽容是一泻瀑布，宣示了奔放、热切与自信，教人在壮美和激情中意气风发。

宽容体现了人格，它将友爱、体贴、理解与气度凝缩于一点。无论是儒家的"仁""义"，墨家的"兼爱""非攻"，道家的"修身养性"，还是基督的"爱神"，伊斯兰的"古兰经"，佛学的"苦海无边，回头是岸"，无不包含了丰厚的宽容哲学。世间因为有了宽容而爱意浓浓，美丽祥和。

朋友，当我们宽容他人，善待良知，从而化解了一段幽怨、赢得一份友谊、争得一份感情时，谁不会为此而激动万分，惬意无限呢？朋友，当我们深陷苦闷，忧谗畏讥，山重水复之时，突然获得别人的理解、鼓舞与开拓，谁不会因之心潮澎湃，热泪盈眶，感激之情溢于言表呢？

荒芜的花园

　　贝尔太太是美国一位有钱的贵妇人，她在亚特兰大城外修建了一座花园。花园又大又美，吸引了许多游客，他们毫无顾忌地跑到贝尔太太的花园里游玩。

　　年轻人在绿草如茵的草坪上跳起了欢快的舞蹈；小孩子扎进花丛中捕捉蝴蝶；老人蹲在池塘边垂钓；有人甚至在花园当中支起了帐篷，打算在此过他们浪漫的盛夏之夜。

　　贝尔太太站在窗前，看着这群快乐得忘乎所以的人们，看着他们在属于她的园子里尽情地唱歌、跳舞、欢笑。

　　她越看越生气，就叫仆人在园门外挂起一块牌子，上面写着：私人花园，未经允许，请勿入内。

　　可是这样也不管用，那些人还是成群结队地走进花园游玩。贝尔太太只好让她的仆人前去阻拦，结果发生了争执，有人竟拆走了花园的篱笆墙。

　　后来贝尔太太想出了一个绝妙的主意，她让仆人把园门外的

那块牌子取下来，换上了一块新牌子，新牌子上写着：欢迎你们来此游玩，为了安全起见，本园的主人特别提醒大家，花园的草丛中有一种毒蛇。如果哪位不慎被蛇咬伤，请在半小时内采取紧急救治措施，否则性命难保。最后告诉大家，离此地最近的一家医院在威尔镇，驱车大约50分钟即到。

　　这真是个绝妙的主意，那些贪玩的游客看了这块牌子后，对

这座美丽的花园望而却步了。

几年后，有人再往贝尔太太的花园去，却发现那里因为园子太大，走动的人太少而真的杂草丛生，毒蛇横行，几乎荒芜了。

孤独、寂寞的贝尔太太守着她的大花园，她非常怀念那些曾经来她的园子里游玩的快乐的游客。

宽容是一种拯救

在2005年秋天的一天，有两个顽皮的少年在加州的一个林场里玩，他们恶作剧地点燃了那片丛林。想象着消防警察们灭火时的慌乱和焦灼，他们得意不已。

他们却万万没有想到，因为这一次火灾，一名消防警察在扑救火灾的时候不幸牺牲了。

这名消防警察才22岁，在全力以赴地履行自己的职责时，他被浓烟熏倒后烧死在丛林里头。

更让人伤痛的是，这名消防警察早年丧父，是由一位可敬的单身母亲独自将他抚养长大的。成长的过程充满艰辛，警察常常对母亲表示，成人后要好好回报她。

而这正是他参加工作的第一周，连第一次薪水都没领到就……

在查明这是一起蓄意纵火案后，整座城市顿时愤怒了。市长表示一定要将罪犯抓捕归案，让他们接受严厉的惩罚。警察开始四

处追捕。那两名被列入嫌疑人的少年头像也开始出现在各个角落。

而这一切都不是这两个少年最初想象的，他们只能恐惧地离开这座城市，四处流窜。

听着来自四面八方的愤怒声音，他们陷入深深悔恨、无奈和恐慌之中。

除了这两个少年，媒体的目光更多地投放在那位单身母亲身上，他们知道，她无疑是这个世界上最伤心的人。

他们将话筒对准她，等待她悲哀的控诉和要求严惩凶手的愤

怒呼吁。

　　果然，当这位母亲出现在镜头前面时，她白发苍苍，一身素装，眼睛浑浊而忧伤。

　　但当她说出第一句话时，所有的人都震惊了，她是这样说的："我很伤心地看到我的儿子离开了我，但是，我现在只想对制造灾难的两个孩子说几句话——你们现在一定活得很糟糕，很可能生不如死。作为这个世界最有资格谴责你们的我，我想说，请你们回家吧，家里还有等着你们的父母。只要你们这样做了，我会作为母亲和上帝一起原谅你们……"

　　那一刻，全场的记者都无语了，没人想到这位刚刚失去儿子的母亲居然会说出这样的话，他们以为等来的声音是哀伤，或是愤怒，没想到竟然是宽恕！

　　而人们更没有想到的是，在这位母亲发表讲话后的一个小时，在临城的警察局，两名少年投案自首了。

　　两名少年告诉警察：就在那位母亲发表讲话的那天下午，他们因为承受不了这巨大的社会压力而购买了大量安眠药，正准备一道离开这个世界。但就在这时，他们从电视里听到那位母亲的声音。他们顿时泪如泉涌，拨通了警察局的电话……

　　现在这两名鲁莽的少年已为人父，他们会时常领着自己的孩

子去看望那位可敬的单身母亲，那已经是他们心灵上的另一位
母亲。

　　一个悲剧故事就这样以温馨的结局收尾了。而谁都可以想
象，如果这个母亲当时说出的是另一番话，这两条鲜活的生命就将
逝去，母亲也就永远陷入孤寂之中。

卡特不会失业的

鲍伯是一个室内装潢工厂的老板。有一次，生产线上有一个工人喝得酩酊大醉后来上班，吐得到处都是。车间里立刻发生了骚动：一个工人跑过去拿走他的酒瓶，领班接着又把他送了出去。

鲍伯在外面看到这个人昏昏沉沉地靠墙坐着，便把他扶进自

己的汽车送他回家。

　　他妻子吓坏了，鲍伯再三向她表示什么事都没有。

　　"不，卡特不知道，"她说，"老板不允许工人在工作时喝酒。卡特要失业了，你看我们如何是好？"

　　鲍伯告诉她："我就是老板，卡特不会失业的。"

　　卡特的妻子张嘴愣了半天。

今天
你微笑了吗

　　鲍伯告诉她，自己会在工作中尽力教导卡特，同时也希望她在家里尽力照顾卡特，以便他在第二天早上能够照常上班。

　　卡特第二天果真上班了。他酗酒的坏习惯也从此改掉了。鲍伯的宽容使卡特很感动，他一直记在心里。

　　三年后，地区性工会派人到鲍伯的工厂协商有关本地的各种合同时，居然提出一些不切实际的要求。

　　这时，沉默寡言、脾气温和的卡特立刻领头号召同事反对。

　　他开始努力奔走，并提醒所有的同事说："我们从鲍伯那里获得的待遇向来很公平，用不着别人告诉我们怎么做。"就这样，他们把那些人打发走了。

　　鲍伯用宽容赢得了工人的拥戴，取得了事业的成功。

　　他的宽容不仅让卡特从新回到正确的生活轨道上，更为自己的人生开辟了新的路途。

　　要知道，给别人一次机会，其实正是在未来给了自己一次机会。不要吝惜你的宽容，每个人都不是一个孤岛，只有在融洽的工作环境中，每个人才能更好地发挥出自己的价值。

不好用的上校

美国五星上将麦克阿瑟手下有个参谋，其军衔当时是上校。他工作扎实，思维敏捷，长于写作，有出色的组织能力，一言以蔽之：才华横溢。然而他生性倔强，办事过于原则，且太爱"独立思考"，在上司面前常常不"听话"，多次当面顶撞，因此得了一个"不好用的上校"之名。

有一次，他又因事顶撞了麦克阿瑟，两人争吵得很激烈，当着众人的面弄得麦克阿瑟下不来台。这消息传到了麦克阿瑟的夫人那里，她愤愤不平，便吹枕边风说："那个家伙经常和你过不去，把他撤掉算啦！"

不料，麦克阿瑟却不为枕边风所动，郑重答道："人才有用不好用，奴才好用没有用。"于是那人继续当他的参谋，而且后来当上了总统，他叫艾森豪威尔。

麦克阿瑟这种宽广的胸襟是令人尊敬的，他把工作上的问题与个人的恩怨区分得很清楚，而且能够做到从工作的大局出发，不

因一己恩怨去褒贬人和使用人，这一点令人钦佩。

艾森豪威尔追随麦克阿瑟长达6年之久。一方面他很敬佩麦克阿瑟，另一方面他发现自己越来越无法忍受这位上司的自恋和华而不实的举动，有时甚至感到愤怒。私下里他深深憎恶自己"像纸巾一样被使用"。因此，他常常忍不住以下犯上。

反过来，麦克阿瑟对艾森豪威尔却并没有因其存在的瑕疵而苛责求全，将其淘汰出局，相反却给予更高的关注和重用。他很重视这个下属，用表扬信和考绩报告给予艾森豪威尔慷慨的赞扬。他

曾经致信艾森豪威尔："感谢你非凡的努力。你做得比我要好得多。我很感激。"

麦克阿瑟还曾说过："我所推荐的好学的人如果一共有10个，那么我只要在一个人的名字下面写9遍就行了，这个人就是艾森豪威尔。"

1935年，麦克阿瑟接受菲律宾联邦政府之邀，被派去组建一支军队，并执意要艾森豪威尔继续留任他的助理。1938年，艾森豪威尔提出回国述职时，麦克阿瑟还极力挽留。直到1939年，第二次世界大战爆发后，艾森豪威尔去意已决，麦克阿瑟才只好放行。

娄师德宽容待人

唐朝女皇武则天，有一次单独召见宰相娄师德，谈论政事。

她问娄师德有没有可以担任辅政大臣的人才，娄师德未多考虑，极力推荐了狄仁杰。武则天采纳了娄师德的荐举意见，将狄仁杰从外地召回京城，和娄师德一起担任宰相。

狄仁杰不知道自己能当宰相是由于娄师德的举荐，相反，他心中倒是总记着过去和娄师德的一些不愉快的事情，时常当着武则天的面讲娄师德的不好。

时间长了，引起了武则天的注意。

一天，武则天在便殿和狄仁杰闲谈，问狄仁杰："娄师德的品德好不好？"

狄仁杰话中带刺："他带兵守边时，有过战功，品德好还是不好，我不大清楚。"

武则天又问："他能发现和举荐出色的人才吗？"狄仁杰说："我和他在一起，没有这方面的感受。"

  武则天笑着说："你能当宰相，正是由于他的举荐呀！依我看，没有人比娄师德做得更好的了。"说完，随即找出娄师德的荐表给狄仁杰看。

  事情真是出乎狄仁杰的意料，他十分惭愧，感叹地说："娄师德的度量这么广阔，我比他差远了！"

  从此，狄仁杰主动接近娄师德，两人关系密切起来，共同辅佐武则天管理国事。

后来，北方的契丹国出兵犯境，攻陷了一些州郡，敌兵烧杀抢掠，百姓纷纷逃难。这时，狄仁杰和娄师德一同率兵北上，抵御敌兵。他俩互相配合，分路出击，杀得敌军望风而逃，收复了失去的州郡，使边境居民重新过上了安居乐业的生活。

133

学会宽容，让你的身边充满微笑

　　小读者们，读完前面的文章之后，不知你对身边的人和事有没有一些新的想法。我们每个人都希望得到别人的认可，都希望自己的意见能够得到尊重，我们生气、愤怒也是为了表达出自己的意见。但是要知道，吵闹和报复是不能换来尊重的，如果要让别人信任、认可你，首先需要我们给予别人信任和认可，这就需要在生活中学会宽容。

　　曼德拉博大的胸襟和宽容的精神，让曾经迫害过他的人无地自容，这是一个成功者独具的人格魅力。

　　贝尔太太虽然有钱，但心胸狭隘，不愿意别人分享自己的花园，最终只能守着一片荒草地孤独终老。她并不知道，给身边的人一个微笑，你的身边也将充满微笑。

　　"世界上最宽阔的是海洋，比海洋宽阔的是天空，比天空更宽阔的是人的胸怀。"

　　人人多一份宽容，人类就会多一份理解，多一份善

意，多一份珍重与美好，生活中的酸甜苦辣也将化做五彩的乐章。在生活中学会宽容，你便能明白很多道理。每个人都期盼着过上和谐、幸福的生活，而宽容正是实现这种生活的最佳途径。学会宽容、学会原谅，用你的微笑代替愤怒，用理智战胜冲动，用美德战胜仇恨，相信你的身边会充满微笑。